Made in the USA
Las Vegas, NV
23 December 2020

14698310R00069